JN412953

발행일 2022년 6월 30일 초판 1쇄

펴낸곳 K Design / **주소** 서울 강남구 삼성로 651 106-401 / **전화** 070-4135-1020 / **이메일** 2012.kdesign@gmail.com

출판등록 2012.08.08 제 2022-000069호

지은이 곽혜진 **펴낸이** 곽혜진

기획 조성은 **디자인** (주)그라픽상 **일러스트** 윤한제 **사진** 서현강, 윤한제 **인쇄** (주)스파이더네트웍스

값 29,000원

ISBN 978-89-969323-1-4

2022 곽혜진, Printed in Korea

이 책의 저작권은 저자에게 있으며 무단전재와 복재는 법으로 금지되어 있습니다.

곽혜진의
조각보 이야기
두번째

JOGAKBO Korean Patchwork

곽혜진
Kwak, Hye-Jin

덕성여자대학교 의상디자인학과, 서울대학교 의류학과 대학원, 미국 FIDM 패션디자인 과정을
졸업하였으며, 조각보에 더욱 매력을 느껴 1997년부터 무형문화재 자수장 김현희 선생에게 조각보와
자수를 사사하였다. 20년 이상 조각보 작가이자 강사로 활동 중이며, 옛 정서가 담겨있는 전통 조각보에
현대적인 미감을 더하여 현대 생활에 유용한 전통 디자인 생활 소품들을 디자인하는 데 주력하고 있다.

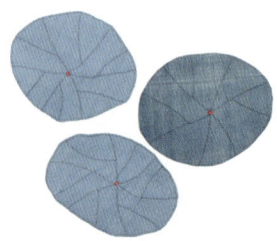

모시는 그 짜임이 섬세하며 곱고, 삼베는 조금은 거칠지만
투박한 질감이 시원해 서민들의 여름철 옷감으로 선사시대
부터 오랜 시간 애용되어왔다. 모시와 삼베는 옷감으로 만
들어지기까지 모든 과정이 수작업으로 이루어지기 때문에
현대사회에 와서는 귀한 옷감이 되었다. 옛 방법 그대로 제
작되기에 장인의 정신이 담겨있고 그만큼 전통의 맥을 잇는
대표적인 옷감이라고 생각한다. 필자가 전작 '조각보 이야
기-오래된 새로움'에 이어 '조각보 이야기 두 번째-모시와 삼
베'를 집필한 것은 모시와 삼베에 담겨 있는 옛 시대의 철학
을 예스러우면서도 현대적인 조각보를 통해 드러내고 싶었
기 때문이다.

모시와 삼베는 개인적으로도 인연이 있는 옷감이다. 남편의
본적은 한산 이씨로 집성촌이 한산면과 인접해 있다. 시할

머니께서도 이곳에 거주하실 적에 모시 짜는 일이 일상이었다고 말씀하신 기억이 난다. 현재도 매년 가족과 함께 성묘 길에 한산을 찾는다. 한산 모시 전시관에 들러 모시 짜기의 과정을 접한 적이 있었는데 그 과정이 고되어 점점 소수에 의해서만 제작된다는 이야기를 듣고 나니 이 명맥이 언제까지 유지될 수 있을지 걱정되었다. 그래서 더욱더 모시와 삼베의 이야기를 조각보에 담아 기록으로 남기고 싶었다.

책의 내용은 1부에서는 옷감으로서의 모시와 삼베를 이야기하고, 모시와 삼베의 결을 살린 필자의 작품 여럿을 소개하였다. 전통적으로 모시와 삼베가 서민들의 일상 속에 있었던 만큼 가리개나 전통 디자인 소품 등과 같이 전통 조각보를 응용한 작품을 집안 곳곳에서 연출해보았다.

2부에서는 초보자도 따라할 수 있는 12가지 소품을 소개하고, 독자가 손수 만들기에 도전할 수 있도록 도안과 상세한 설명을 수록하였다.

'곽혜진의 조각보 이야기-오래된 새로움'이 나온 지 어느덧 10년이 흘렀다. 첫번째 책을 사랑해주신 독자 분들께 감사 인사를 먼저 드린다. 두번째 책이 나오도록 옆에서 응원을 아끼지 않은 가족과 친구들, 그리고 조각보 동료들에게도 감사와 사랑을 보낸다.

작품을 만드는 과정에서 제자들과 협업하여 만든 작품들도 있고, 바느질을 도와준 제자들도 있어 이 자리를 빌어 함께하는 동안 즐거웠고 감사했음을 전하고 싶다. 전 과정을 옆에서 함께해 온 애제자 조성은 선생님께 특별한 고마움을 전한다.

20c 모시와 삼베 옛 조각보 1160mm × 1240mm

목차

곽혜진의
조각보 이야기
두번째

1부

섬세하고 단아한
모시

모시를 소개합니다.

모시는 올이 섬세하고 광택이 있어 가볍고 맑은 느낌을 줍니다. 모시는 여름을 대표하는 옷감이라 할 수 있는데 이는 모시가 가지고 있는 특성 때문입니다. 모시는 통풍이 잘 되는 것은 물론, 땀을 흡수하고 발산하는 속도가 매우 빨라 옛 선조들은 모시옷 한 벌로 선풍기, 에어컨 없이도 여름을 날 수 있었지요. 게다가 물세탁에 강해서 빨면 빨수록 희어지고 윤기가 나는 신비한 옷감입니다. 내구성도 좋아 모시옷은 대를 물려 입었다고 합니다. 다만 탄성이 낮아 구김이 잘 가고 손세탁을 해야하는 번거로움이 있지만, 전 공정이 수작업으로 이루어지는 공을 생각하면 이 또한 옛 마음으로 돌아가는 즐거움이라 생각됩니다.

모시의 원료는 저마(苧麻)로, 장미목 쐐기풀과 모시풀속인 여러해살이 풀입니다. 모시풀은 기온이 높고 습기가 많은 곳에서 잘 자라기 때문에 재배 지역이 충청도와 전라도로 한정되어 있는 편입니다. 특히 충청남도 한산에서 생산된 한산 세모시는 결이 가늘고 고와 모시 중의 으뜸으로 손꼽힙니다.

모시가 만들어지는 과정을 들여다 보면, 100% 수작업으로 만들어지기 때문에 만드는 이의 섬세한 손길을 필요로 합니다. 모시풀을 수확하여 겉껍질을 벗겨내고 속껍질을 물에 담가 햇빛에 말리는 작업을 수차례 반복하여 표백을 합니다. 이를 태모시라 해요. 태모시를 직접 이나 손톱으로 일정하게 쪼개어 실을 만드는데 이 과정이 가장 힘든 작업 과정이라고 할 수 있습니다. 실의 두께가 얇고 가늘수록 좋은 모시로 인정되기 때문에 특별히 공을 들이는 과정이기도 합니다. 이렇게 만들어진 모시올을 무릎에 대고 비벼 꼬아서 실을 길게 이어 갑니다. 이음새를 매끄럽게 하기 위해 풀을 먹이고, 실이 서로 붙지 않도록 솔로 잘 빗어 내리고, 불을 피워 은근히 잘 말려요. 잘 마른 실을 감아서 베틀에 올리면 모시짜기가 시작된답니다.

베틀에서 모시를 짤 때 실내가 건조하면 실이 끊어지므로 반드시 습한 환경에서 직조해야 하는데, 전통적으로는 습한 반지하 움막에서 짰다고 합니다. 이렇게 짠 모시를 생모시라 하며, 처음에는 담록색을 띠지만 이것을 물에 적셔 햇빛에 말리는 과정을 수차례 반복하면 드디어 청아하고 우아한 흰 모시가 됩니다. 명품은 이렇게 탄생합니다.

최고의 명품 모시로 인정받고 있는 한산 모시의 '한산모시 짜기'는 우리나라 중요무형문화재 14호이며, 유네스코 인류무형유산에 등재되었습니다.

선조들이 가장 즐겨 입었던 직물,
삼베

삼베를 소개합니다.

요즈음 사람들에게는 낯선 옷감이지만 사실 삼베는 인류가 가장 오래전부터 사용했던 옷감입니다. 우리나라에서도 면(綿)이 일반화되기 전까지 가장 널리 쓰였던 옷감이 삼베였습니다. 삼베는 면보다 10배 이상 질기고, 수분을 흡수하고 배출하는 데 있어 20배 이상 빠릅니다. 조직이 성글어 바람이 잘 통하고 까슬까슬한 촉감이 시원함을 더해주어 여름철 옷감으로 애용되었어요. 여름용 삼베 이불은 무더운 여름에 필수품이었답니다.

삼베는 올이 굵고 뻣뻣하며 누런 빛을 그대로 사용하기 때문에 거친 결이 매력적입니다. 요즈음은 의류보다는 생활소품 소재로 더욱 각광받고 있습니다. 뿐만 아니라 삼베는 자외선 차단 기능이 있고, 곰팡이균을 억제하는 항균성과 항독성까지 있어서 최근에는 기능성 섬유로도 연구가 활발히 진행되고 있습니다.

삼베의 원료는 대마(大麻)로, 장미목 삼과 대마속으로 분류되는 한해살이 풀입니다. 삼베는 어느 지역에서나 잘 자라서 서민들이 주로 애용했지요. 삼베 중에서는 안동포가 천의 발이 유난히 고와 유명합니다.

삼베를 만드는 과정을 보면 수확한 삼을 단으로 묶어 찐 후에 그 단을 풀어 햇빛에 말립니다. 그리곤 다시 물에 담가 불리는 과정을 반복하여 부드러워진 삼의 겉껍질을 훑어냅니다. 이후에 잿물에 익히는 과정을 거친 삼베를 익냉이 삼베, 익힘 과정을 생략한 삼베를 생냉이 삼베로 구분합니다. 안동포의 경우는 생냉이 삼베인데 익히지 않고 겉껍질을 한 번 더 벗겨내는 공정을 거칩니다.

햇빛에 말린 삼을 물에 적셔 손톱으로 가늘게 쪼개고 끝과 끝을 맞대어 연결해 올을 길게 만듭니다. 베를 짤 때 실이 끊어지지 않고 매끄럽게 되도록 풀을 먹이고 불을 지펴 건조시킵니다. 베틀을 이용해서 베를 짜게 되면 삼베가 완성되는데 모시만큼이나 많은 정성과 시간이 필요합니다.

'삼베 짜기'는 국가무형문화재 제 140호로 제정되었습니다. 또한 '안동포 짜기'는 경상북도 무형문화재 제1호입니다.

안동포 550mm × 560mm

모시와 삼베 관리

모시와 삼베 세탁법

모시와 삼베는 손빨래를 권한다. 100% 수작업으로 이루어진 모시와 삼베이기에 올이 틀어지지 않기 위함이다.

미지근한 물에 중성세제를 풀고 가볍게 주물러 세탁한다. 세탁한 뒤에는 비틀어 짜기보다 꾹꾹 눌러 물기를 제거한 다음에 구김이 덜 가도록 탈탈 털어서 건조시킨다. 완전히 마르기 전 상태에서 손으로 올을 맞춰 다리면 다림질이 용이하다. 완전히 마른 모시는 스프레이로 물을 뿌린 후에 손질하면 된다.

세탁기를 사용하는 경우에는 세탁망에 넣어 울코스로하고, 명주실을 사용한 디자인 제품은 드라이크리닝한다.

모시는 올이 가늘고 고와 풀을 먹여 사용하면 구김도 덜 가고 새 옷처럼 맵시가 유지되는 장점이 있다.

풀 먹이기

- 풀물 만들기: 예전에 흔히 쓰였던 방법은 한 컵 정도의 밥을 끓여서 면보에 넣고 물 속에서 비벼 풀물을 만드는 것이었다. 여전히 좋은 방법이지만 밀가루, 찹쌀가루를 이용해 용이하게 풀물을 만들 수도 있다.

찹쌀가루나 밀가루 두 큰 술을 500ml 정도의 물에 개어 끓인 후에 식혀서 사용할 수 있다.

풀물의 농도와 양은 용도에 맞게 물의 양을 가감하며 정하면 된다.

- 풀 먹이기: 천을 물에 적신 후 준비한 풀물에 넣는다. 풀기가 골고루 천에 배도록 조물조물 만져준다.

- 건조: 양손 바닥으로 천을 두들겨 물을 뺀 후에 건조 시킨다. 완전히 건조되기 전에 손끝으로 당기면서 올을 맞춘 후에 다림질하면 올이 살아나 수제품의 품격이 드러난다. 이미 마른 상태라면 스프레이로 물을 뿌린 후에 다림질 한다.

시중에서 판매되고 있는 스프레이 풀을 사용해도 무방하다. 중국산 모시는 빳빳함이 유지되어 풀 먹임 없이 다림질만으로도 충분하다.

모시와 삼베 보관

여름철에 사용한 모시와 삼베를 보관 할 때는 물에 빨아 풀기를 제거하고, 완전히 건조시켜야 곰팡이가 슬거나 벌레가 먹지 않는다. 보관 시 방충제와 방습제를 함께 넣어 보관한다. 다시 꺼내 쓸 때는 상태에 따라 풀을 다시 먹이거나 다림질하여 사용하면 된다.

모시와 삼베는 어디에서 구입하나요?

모시나 삼베를 구입하고자 한다면 품질에 차이가 많이 나므로 직접 원단을 확인하고 사길 권한다.

동대문 광장시장에 모시와 삼베를 전문적으로 취급하는 가게들이 모여있다. 동대문 종합시장에서도 모시와 삼베를 파는 곳을 더러 찾아볼 수 있다.

한산 모시와 안동포는 고가의 명품인 만큼 원산지에서 직접 산다면 품질을 보장받을 수 있다. '한산 모시관'이나 '안동포 마을 전시관'에서도 구입이 가능하다.

소량의 천만 구입하고자 한다면 온라인 상에서 규방공예 재료를 판매하는 쇼핑몰을 통해 구입할수도 있다.

모시와 삼베는 국내 생산량이 적어 가격이 비싼 편이라 시중에 유통되는 상품은 대부분이 중국산이다. 중국산이라 하더라도 품질 등급에 따라 가격차이가 크므로 품질을 잘 따져보고 사야한다.

품질은 올이 가늘수록 비싸며, 가격 차이가 많이 난다. 직조 상태가 좋고 이음새가 매끄러워 매듭이 드러나지 않는 것이 상품(上品)이다. 옷감을 고를 때에는 무엇보다 용도에 맞게 사는 것이 중요하다. 의류용은 발이 고운 것을 주로 사용하므로 좋은 품질의 옷감을 구하는 것을 추천하나, 가리개나 테이블 러너 등 생활용품으로 사용하는 것은 올이 반드시 곱지않아도 되므로 가격이 저렴한 것도 무방하다.

아름다운 모시 조각보

옛 조각보는 옷을 짓고 남은 옷감을 버리지 않고 아껴 모아두었다가 조각을 잇고 또 이어 만들어졌다. 이렇게 만들어진 조각보는 찻상보나 이불보 등으로 쓰임새 있게 사용되곤 하였다. 요즈음의 조각보는 풍요로운 시대를 반영하듯 자투리천이 쓰이기 보다 미리 고안한 디자인에 맞는 옷감으로 제작된다. 통일성 있고 정돈된 작품들에서 현대적 미감이 돋보이지만 때론 옛 조각보의 투박한 매력이 그리울 때도 있다. 모시와 삼베는 모든 과정이 옛 방식 그대로 수작업으로 이루어져 옷감의 결에서 손으로 작업한 짜임이 선명하게 드러난다. 그렇기에 현대적인 디자인 안에서도 전통 조각보의 향수를 느끼게 해준다.

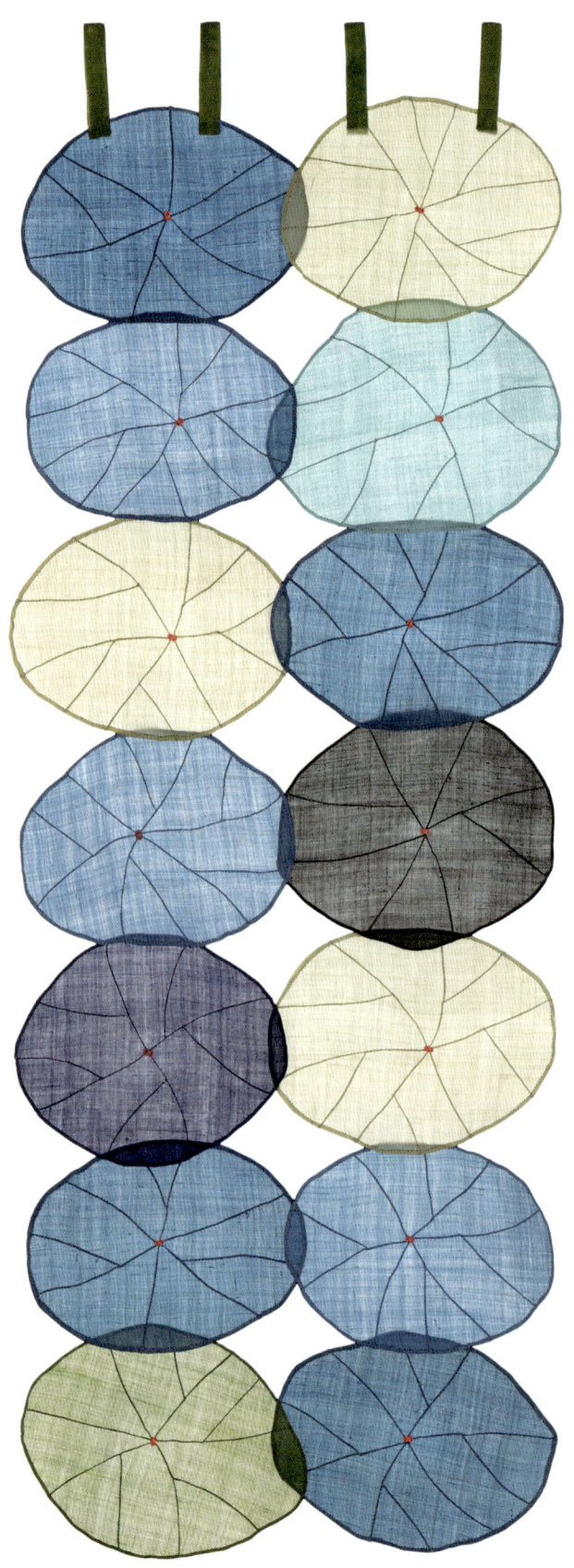

연잎모양으로 만든 모시를 여러 개 연결하였다. 연못에 있는 연잎이 자태를 뽐내는 듯하다. 빛을 받아 드러난 바느질 선이 자연스럽다.

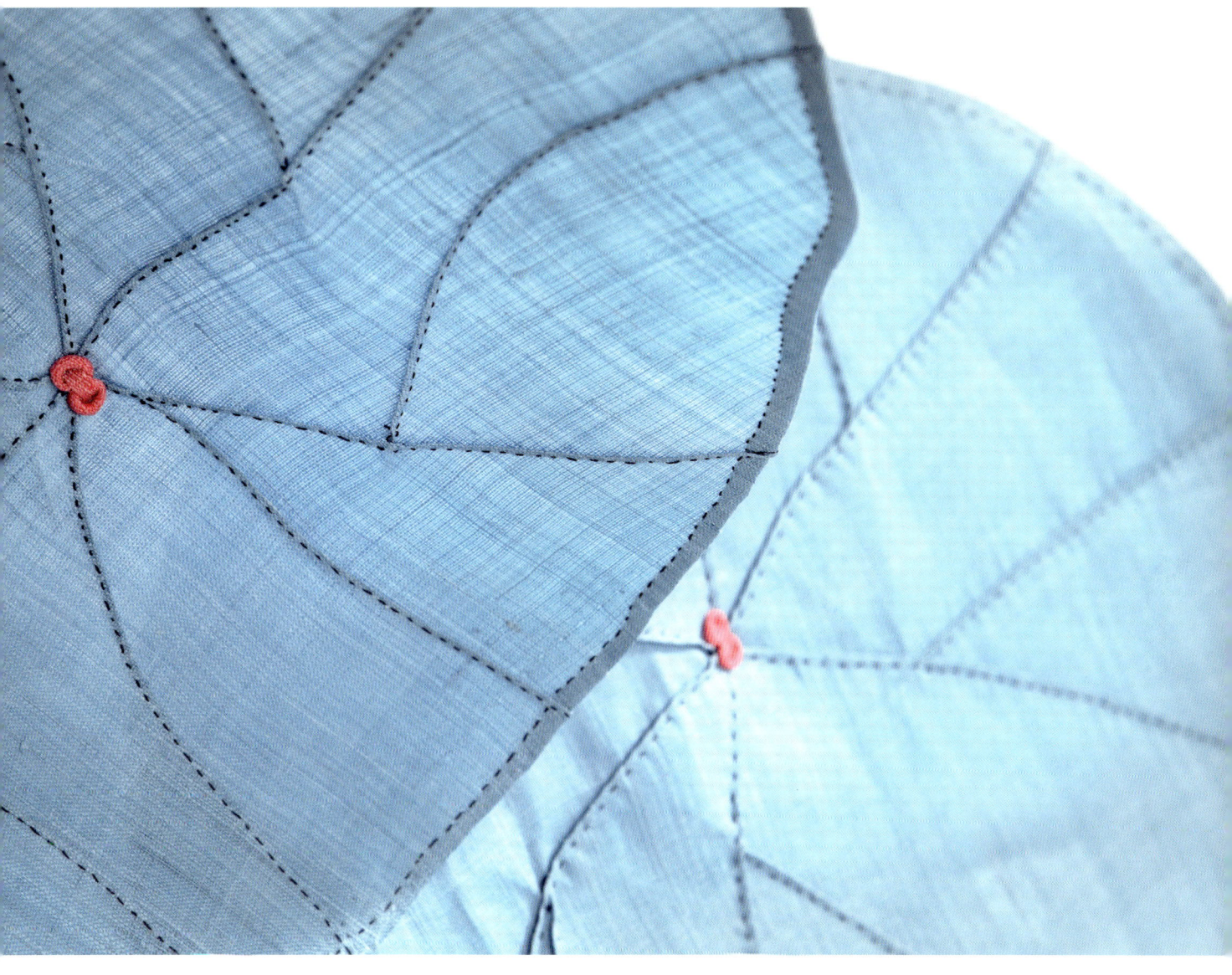

여러 색의 조각으로 디자인 된 이 작품은 마치 스테인
글라스 같다. 햇볕이 드는 창에 가리개로 걸어두면 빛
이 모시 조각들을 거치며 다채롭게 방안을 비춘다.
이 작품은 제자 박정은과 함께 하였다.

모시 옷감을 결대로 자르고 연결한 작품으로, 투박하
고 전통적인 동시에 현대적이고 멋스럽다.
이 작품은 제자들과의 합동 작품이다. 노란색은 권은
희, 파란색은 박은아, 분홍색은 김정희, 보라색은 서애
란이 바느질 한 후에 모두 연결하여 완성하였다.

꽃잎 모양의 자수와 여러가지 색
상의 모시 조각이 함께 어우러진
작품이다. 소재감이 드러나는 생
모시를 넓게 배치하였다.
이 작품은 제자 조성은과 함께 하
였다.

흰 모시에 자연 소재인 나뭇잎을
수놓았다. 흰 모시에 같은 흰 색
실로 수놓음으로써 모시의 은은
하고 청아한 이미지를 부각시킨
디자인이다.

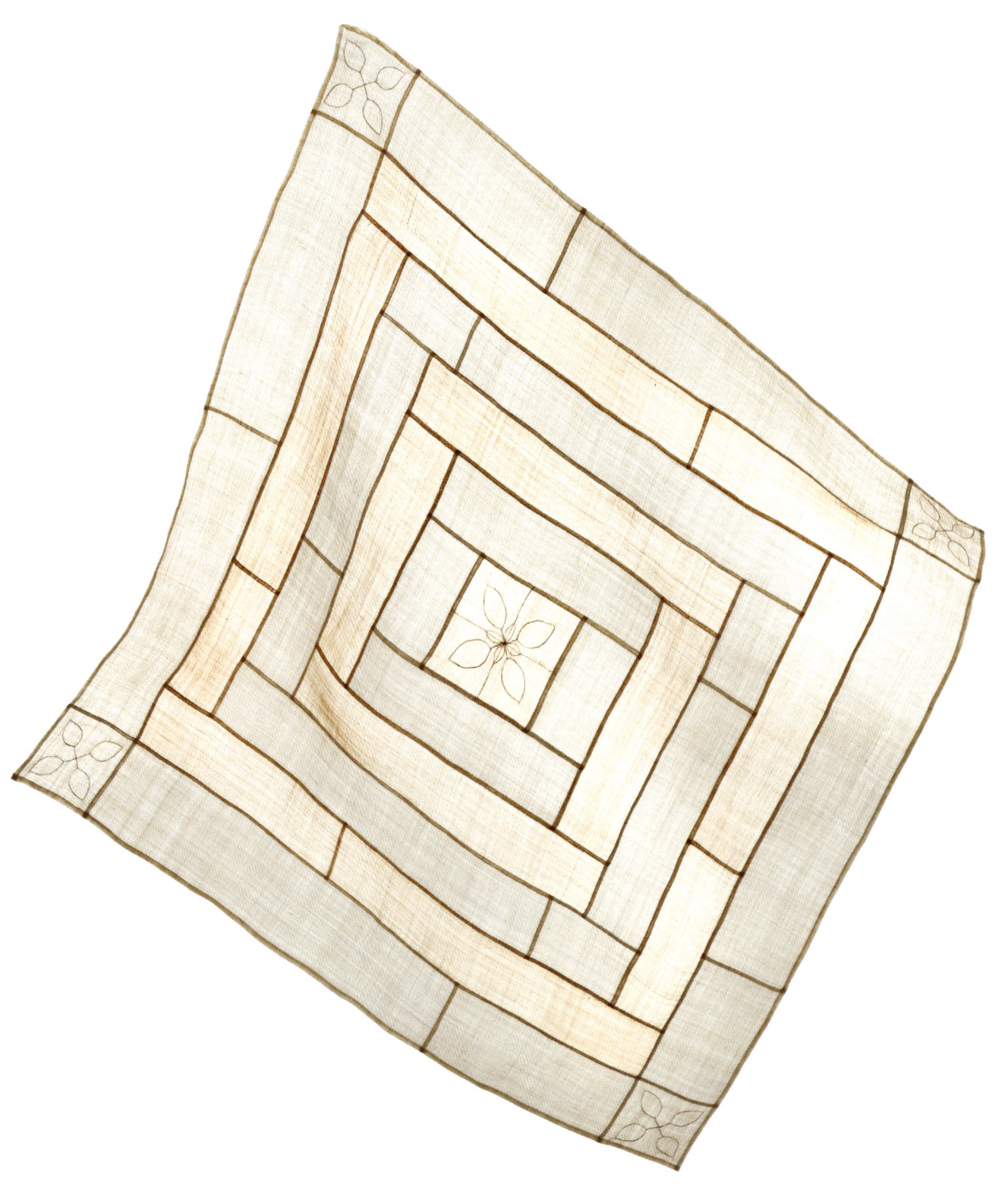

이머니가 혼수로 마련해 오랜 기간 보관하셨던 모시를 물려받았다. 이를 다시 손질하여 전통조각보를 만들어 보았다. 치자로 물들인 황색과 흰색의 조합으로 전통 조각보를 재현하였다.

이 작품은 제자 차민정과 함께 하였다.

먹물과, 꼭두서니, 쪽으로 자연 염색한 모시 조각을 연결하고, 귀퉁이에 야생화
수 조각을 덧대었다. 전통적으로는 비단실을 사용하였으나, 이 작품에서는 세
탁이 용이하도록 면 수실을 이용하였다.

전통 모시 조각보의 형태를 그대로 재현한 작품이다. 네 귀퉁이에 긴 끈을 연결
한 전통 방식은 본래 물건을 싸기 위한 실용적인 목적이었을 테지만 현재는 작
품의 고전적인 멋을 더해준다.

빛을 담은 아름다운 모시 조각보

모시는 자연에 널면 바람은 걸러지나 빛은 담아내는 자연소재이다. 빛을 머금은 양에 따라 시시각각 다른 색을 내
며 변화하여 신비감을 자아낸다. 특히 여러가지 색상의 조각을 이어 붙인 모시조각보는 그 빛을 담은 풍경이 더욱
아름답다. 마치 성당의 스테인글라스에서 볼 수 있는 빛의 예술을 연상하게 한다.

또한 단색 모시 조각보는 그 솔기 선이 빛을 받으면 선이 선명해져 현대적인 조형미가 느껴진다.

여기에 바람 한 점 불어주면 살랑거리며 날리는 모습에서 단아한 아름다움과 풍류를 느낄 수 있다.

촬영지_경기도 여주 목아 박물관

쓸모와 아름다움이 함께

모시와 삼베는 전통적인 우리 옷감으로 오랫동안 여름철 의복에 사용되어 왔다. 모시는 그 짜임이 섬세하고 고와서 멋과 운치가 있는 섬유로 사랑받았고, 삼베는 조금은 거칠지만 투박한 질감으로 서민들에게 친밀하게 쓰였다.

이렇게 전통적인 아름다움을 지니며 이어온 모시와 삼베는 이제는 친환경 소재로 다시 각광을 받으며 다양한 전통소품으로 전통 디자인의 맥을 이어가고 있다.

햇볕은 가리고 바람은 통과시키니 여름철 발이나 가리개로 사용하면 바람따라 살랑거리는 모습에서 풍류와 멋을 느낄 수 있다. 가리개를 만들고 남은 조각으로 찻상보나 컵받침을 만들어 보자.

또한 모시와 삼베는 비단과 달리 물세탁시에 더 질긴 섬유이며 사용할수록 부드러워지고 윤기가 더해지는 장점이 있어서 더욱더 쓸모의 아름다움이 배가 된다.

재봉틀을 이용해 작업한 작품들
도 있다. 재봉틀로는 모시나 삼베
의 올을 맞춰 바느질하기가 쉽지
않아 연결 부위가 손바느질에 비
해 매끄럽지 않지만, 큰 기리개도
단시간에 손쉽게 만들 수 있다.

모시로 제작된 테이블 러너와 찻
상보. 여름의 계절감이 느껴진다.

삼베는 투박하고 두께감이 있어 여름 가방으로 만들기 좋은 소재이다.

01 모시가리개 740 × 1600mm
02 모시가리개 420 × 2000mm
03 모시발 1000 × 1900mm
04 모시가리개 400 × 1800mm

01

02

03

04

05

01 모시가리개 150 × 1700mm, 300 × 1700mm

02 모시가리개 300 × 1800mm

03 모시가리개 370 × 1800mm

04 모시가리개 550 × 1500mm

05 모시가리개 290 × 2000mm

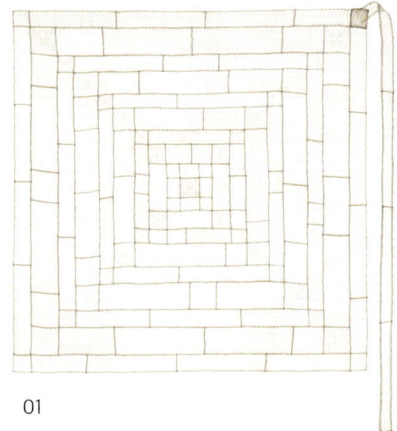

01

02

03

04

05

06

01 모시 조각보 1240 × 1240mm

02 모시와 삼베 조각보 1300 × 1300mm

03 모시 조각보 700 × 700mm

04 모시 조각보 790 × 790mm

05 모시 조각보 500× 500mm

06 모시 조각보 350 × 500mm

01 모시 조각보 1010 × 1000mm

02 모시 조가보 1040 × 1010mm

03 생모시 조각보 1140 × 1140mm

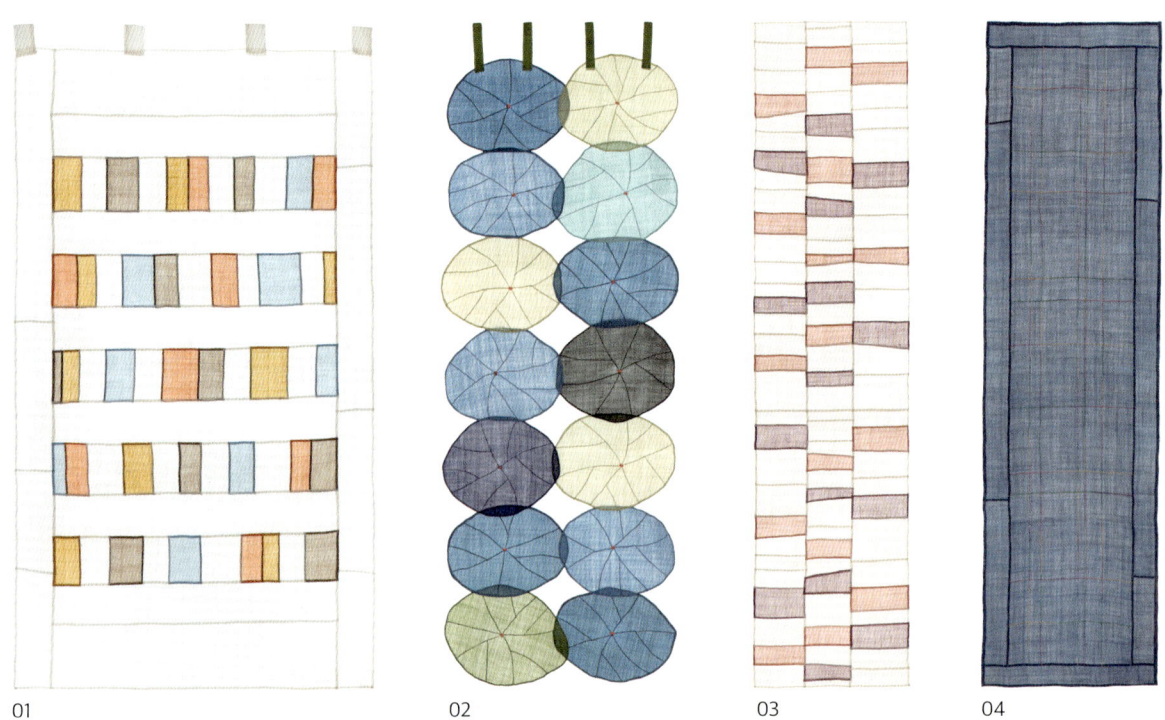

01

02

03

04

01 모시가리개 750 × 1300mm
02 모시가리개 550 × 1200mm
03 모시가리개 340 × 1350mm
04 모시가리개 400 × 1500mm

01 모시가리개 500×1250mm

02 모시가리개 400×1400mm

03 삼베발 1100×1650mm

곽혜진의
조각보 이야기
두번째

2부

세 쪽 가리개

모시 가리개를 만들고 싶지만 어려워
보여 엄두내지 못했던 초보자들이 가
장 먼저 시도해볼 수 있는 작품이다.
바느질법이 단순하고 재단도 쉽다.
세 쪽의 가리개를 개성 있게 배치해
공간에 맞게 연출해보자. 가리개 한
쪽을 테이블 위에 얹으면 러너로도 멋
지게 연출할 수 있다.

삼등분 가리개

현관 입구 한 켠에 이 모시 가리개를
세로로 걸어두면 들어오면서부터 단
아하고 한국적인 느낌을 줄 수 있다.
또는 긴 창문에 가로로 설치할 수도
있다. 강한 직사광선은 차단하면서도
모시의 옷감이 따뜻한 햇빛을 품어
방 안을 은은하게 비춘다.

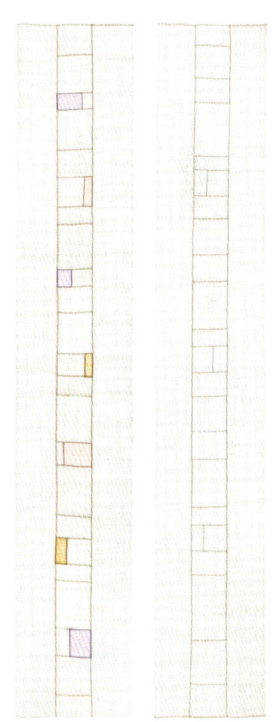

두 쪽 가리개

넓은 공간을 분리하거나 가리고 싶을
때 두 장의 가리개를 설치하면 단정
하고 정돈된 느낌을 줄 수 있다. 두 쪽
을 나란히 걸어도 좋고, 각각 다른 곳
에 걸어도 통일감 있고 세련된 분위기
를 연출할 수 있다. 특히 청아한 색의
흰 모시로 만든 가리개는 넓게 설치하
더라도 답답함 없이 공간감을 유지해
준다.

덧붙이기 가리개

넓은 면적의 원단에 자투리 모시 조각
을 덧대는 기법을 이용한 가리개이
다. 덧붙이기 기법으로 완성된 작품
은 전통적이면서도 모던한 묘한 느낌
을 풍긴다. 이 기법의 바느질은 초보
자보다는 중급 이상의 실력자에게 권
하고 싶다.

삼베 발

삼베는 조직이 모시보다 성글고 두꺼워서 작은 가리개보다는 큰 크기의 발로 만드는 것을 추천한다. 조직에 맞춰 바늘 땀도 성글게 하니 큰 발이라도 빠르고 쉽게 만들 수 있다. 여름철에 삼베 홑이불로 사용하면 무더위도 문제없다.

무지개 자수 러너

쪽빛 모시에 화려한 무지개 실을 수
놓은 독특한 디자인을 입힌 러너이
다. 가로 세로로 자유롭게 교차하는
자수의 모습이 마치 예술 작품과 같
은 느낌을 준다. 가리개로 사용하면
쪽빛의 모시 옷감이 자연의 빛을 담
는다.

연귀 장식이 있는
찻잔 받침

모서리에 덧붙이는 연귀 장식은 바탕
색과 구별되어 장식이 되기도 하지만
귀가 닳아 헤지는 것을 방지하는 실용
적인 역할도 한다. 큰 사이즈의 작품
이 부담스럽다면 작은 모시 조각으로
소박하게 전통 소품을 만들어보는 데
서 시작해볼 수 있겠다. 다도 시간에
찻잔 받침으로 사용한다면 차 맛을 더
욱 깊게 느낄 수 있을 것이다. 따뜻한
차뿐만 아니라 여름에 찬 음료를 받치
는 용도로 사용해도 쓸모가 있다.

꽃잎자수 찻상보

다기를 가리는 상보에 꽃잎 모양 자수
를 놓았다. 반투명한 모시 조직 사이
로 정성스레 준비한 다기 상이 은근하
게 비친다. 손님을 맞이하기 위해 사
려 깊게 준비한 이의 정성이 느껴진다.

연잎 방석 또는 쿠션

완성된 린넨 방석 또는 쿠션 위에 연
잎 모시 작품을 덧대어 아주 쉽게 만
들 수 있다. 모시 옷감은 쓰는 이에게
시원함을 제공하고, 넓고 둥근 연잎
은 여름철 연못을 연상케 하며 집안
을 장식한다.

대나무 손잡이 모시 부채

한지 부채에 모시 조각보를 덧대면
전통적인 감각을 살린 디자인 부채가
된다. 작은 자투리 조각으로 어렵지
않게 나만의 디자인 부채를 만드는
재미를 누릴 수 있다. 모시 조각보에
수를 놓아 부채를 만든다면 소중한
분에게 드리는 선물로도 손색이 없을
것이다.

괴불노리개를 응용한 모빌

괴불노리개는 본래 어린아이 옷에 달
아주면 불행을 막아준다는 의미의 장
식품이다. 괴불노리개의 이미지를 응
용하여 알록달록한 색상의 모시로 모
빌을 만들어 보았다. 집 한 컨에 걸어
두기에도 좋은 인테리어 소품이고,
아이들의 방에 걸어주어도 창의력을
자극해줄 것이다. 귀퉁이에 전통이미
지대로 술을 달아도 좋지만 시판되는
액세서리를 덧붙여도 쉽게 독특한 모
빌을 만들 수 있다.

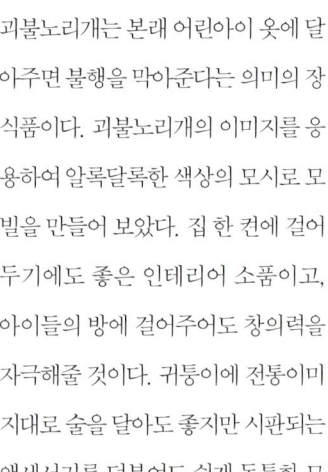

조각보 액자

내 안에 잠재된 예술 감각을 꺼내 보
자. 나만의 감각으로 자유롭게 조각
보를 디자인해 나무 액자에 맞추어
넣으녀 유녕 작가의 작품 부럽지 않
다. 정답이 없는 것이 조가보의 매력
이지 않은가. 다양한 색상의 모시나
삼베 조각을 자유롭게 덧붙어도 좋
고, 비단과 같이 다른 소재를 함께 사
용해 변주를 주어도 좋겠다.

부록

만드는 법

01 바느질 준비

- **실** 모시나 삼베의 바느질은 세탁이 용이하도록 면사나 합성사를 사용한다. 고운 모시는 가는 실을, 두꺼운 삼베는 굵은 실을 사용한다. 바느질선이 디자인으로 들어가는 작품은 견사를 사용해도 무방하나 드라이세탁을 권장한다. 물세탁시, 견사의 이염으로 얼룩이 생길 수 있다.

- **바늘** 바늘의 굵기는 번호가 클수록 가늘어진다. 일반적으로 6~9호 바늘을 사용한다.

- **뼈인두/실따개** 모시나 삼베는 올을 맞춰 바느질하는 것이 매우 중요하다. 뼈인두나 실따개 끝으로 눌러 그리면 잘 접혀서 바느질하기가 쉽고, 조각을 연결하는 경우에도 올이 바르게 되어 울지 않는다.

02 모시 조각보에 쓰이는 바느질법

- **홈질** 가장 기본이 되는 손바느질법으로 땀의 크기가 고루 되도록 일정하게 직선으로 바느질하는 법이다.

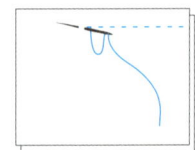

- **감침질** 조각보를 만들 때 가장 많이 사용하는 바느질법으로 시접을 안으로 꺾어 천의 안과 안을 마주대고 고르게 뜬다. 실선이 잘 드러나므로 장식적인 효과를 위해 바탕천과 대비되는 색상을 실로 선택하면 디자인 효과가 있다.

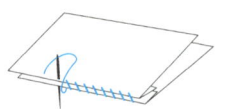

- **박음질** 홈질보다 더 튼튼하게 하는 바느질법으로 한 땀의 크기만큼 온전히 되돌아가서 뜨는 온박음질과 반만큼만 되돌려 뜨는 반박음질이 있다.

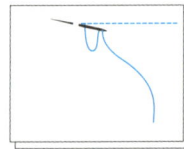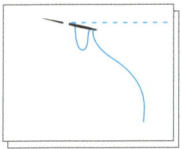

- **공그르기** 홑보의 단을 정리하거나 겹보에서 창구멍을 막을 때 주로 사용하며 실이 겉으로 보이지 않도록 접은 시접의 안쪽을 떠서 꿰매는 바느질법이다.

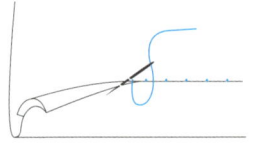

- **시침질** 두 겹 이상의 옷감을 겹쳤을 때 밀리지 않도록 고정시키는 바느질법이다. 완성 후에 바느질 실은 제거한다.

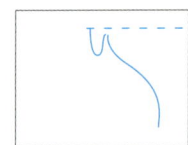

- **상침** 바느질 방법은 박음질과 같으니 겉감과 안감을 고정하는 역할을 하며 실이 겉으로 보이기 때문에 장식적인 효과도 있다. 땀 수에 따라 두땀 상침, 세땀 상침이 있다. 보자기의 가장자리에 주로 이용된다.

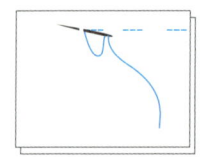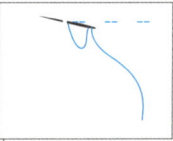

03 솔기하기

1. 가름솔

홈질이나 박음질 혹은 감침질 한 후 솔기를 좌우로 갈라놓은
것이다. 솔기 부분의 올이 풀리므로 안감을 대어 겹보로 한다.

1) 홈질이나 박음질 한 경우

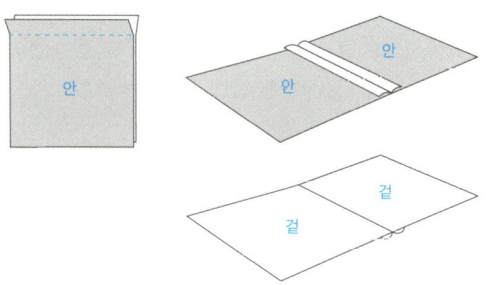

겉에서는 바느질 실이 보이지 않는다.

2) 감침질 한 경우

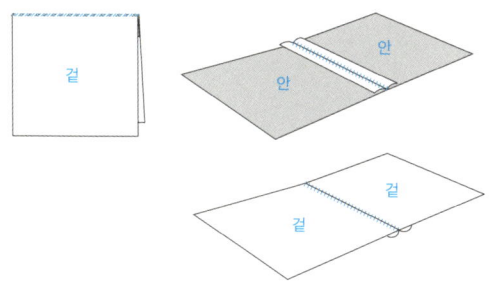

겉에서 바느질 실선이 도드라져 보인다. 조각보에서
바탕천색과 대조되는 실색을 선택하여 디자인선으로
활용하면 좋다.

2. 쌈솔

생명주나 모시와 같은 얇은 천을 연결하는 데 사용 되며
한 겹으로 한 홑보에 사용 되는 솔기이다. 여기에서는 세 가지
쌈솔을 소개한다. 원리는 같으나 완성 후 모양이 약간 다르다.

1) **감침질+감침질** 시접 폭을 3mm로 하는 경우

① 시접 5mm 들어가 시접선을 실따개 끝으로 그린 다음
각각 안쪽으로 접어 감침질한다.

② 두 개 시접 중 한쪽을 3mm 미만으로 남기고 잘라낸다.
다른 한쪽은 바느질선에서 시접쪽으로 3mm 나가 실따개로
선을 그린 다음 안쪽으로 접어준다.

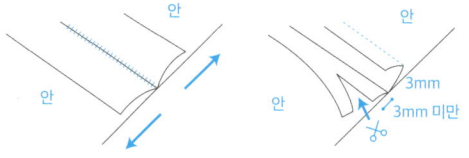

③ 접은 쪽의 시접을 잘라낸 시접 쪽으로 눕혀 눌러 준 다음
시접선과 만나는 선을 실따개 끝으로 선을 긋고 접어
꺾은 후 바탕천과 함께 감침질한다.

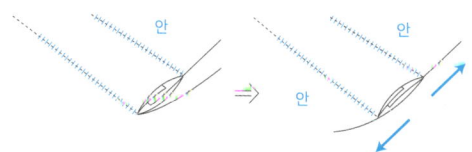

2) **감침질+홈질** 시접 폭을 3mm로 하는 경우

① 시접 5mm 들어가 시접선을 그리고 각각 안쪽으로 접어서 감침질한다.

② 두 개 시접 중 하나를 2mm 미만으로 남기고 잘라낸다. 다른 한쪽은 바느질선에서 시접쪽으로 3mm 나가 실따개로 선을 그리고 안쪽으로 접어준다.

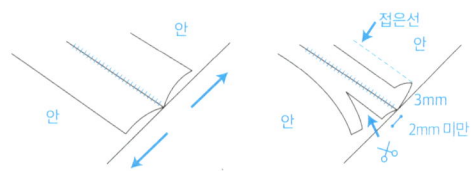

③ 접은 쪽의 시접을 잘라낸 시접 쪽으로 눕혀 눌러준 다음 시접선에서 1mm 들어가 홈질한다.

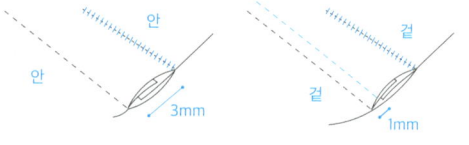

*겉으로 홈질과 감침질한 바느질선이 드러난다.

3) **홈질+홈질** 시접폭을 3mm로 하는 경우
(박음질+박음질 : 재봉틀로 하는 경우)

① 겉감과 안감의 겉과 겉이 만나도록 한다. 시접 5mm 들어가 홈질한다.

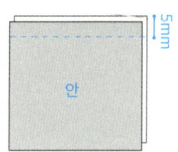

② 두개 시접 중 한쪽을 3mm 미만으로 남기고 잘라낸다. 다른 한쪽은 바느질선에서 시접 쪽으로 3mm 나가 실따개로 선을 그리고 안쪽으로 접어준다.

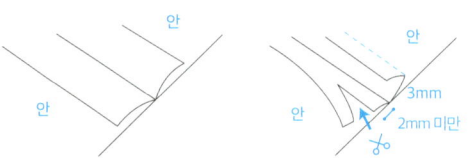

③ 접은 쪽의 시접을 잘라낸 시접 쪽으로 눕혀 눌러준 다음 시접선에서 1mm 들어가 홈질한다.

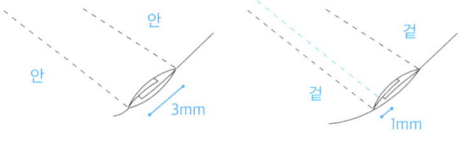

*겉으로 홈질한 바느질선이 드러난다.

3. 곱솔 (깨끼바느질)
솔기를 세번 접어 바느질하여 올이 시접 안으로 들어가 풀리지 않게 하는 방법이다. 모시나 삼베 혹은 노방이나 갑사 등 얇은 옷감을 바느질 할 때 쓰인다. 완성된 솔기가 가늘고 단정해서 홑보나 한복의 솔기에 주로 사용하기도 한다. 여러장의 천이 겹쳐 박음질 해야 하는 솔기 이므로 재봉틀로 하면 더 수월한 바느질 법이다.

① 두장의 천을 겉끼리 맞대고 완성선에서 3mm시접 쪽으로 올라가 곱게 홈질 혹은 박음질한다.

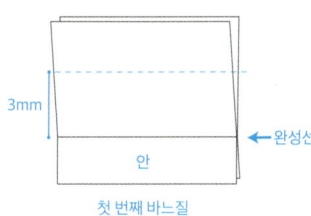

첫 번째 바느질

② 첫번째 박음선을 꺾어 넘겨 접는다. 겹쳐진 4장의 시접을 접은 선에서 1mm 내려와 두번째 박음질 한다. 남은 시접분은 바짝 잘라낸다.

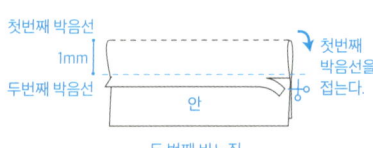

두 번째 바느질

③ 바짝 자른 시접이 안쪽으로 들어가도록 한번 더 접어준다. 6겹으로 접어진 시접의 가운데를 세번째 박음질 한다.

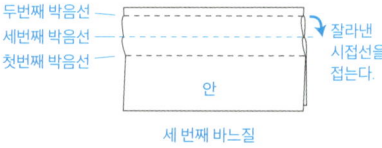

세 번째 바느질

04 바느질 팁

1. 덧붙이기

작은 조각천을 넓은 천 위에 덧대는 바느질 기법이다.

1) 겹보용 덧붙이기

① 덧대고 싶은 천의 시접을 접은 후에 바느질 할 부분 위에 덧대어 시침질한다.

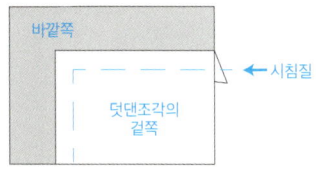

② 뼈인두로 덧댄 부분을 그려 접은 후에 마주잡고 감침질 한다. 시침실은 제거 한다.

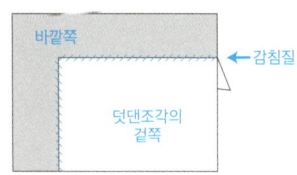

③ 안감 쪽에서 덧대어 겹친 부분이 두꺼워지지 않도록 시접만 남기고 잘라낸다.

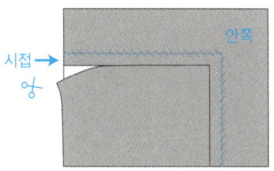

④ 완성 후의 모습.

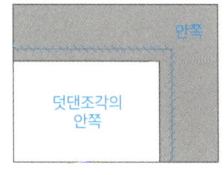 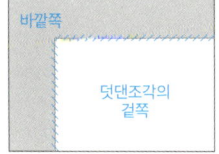

2) 홑보용 덧붙이기

① 덧대고 싶은 천의 시접을 접은 후에 바느질 할 부분 위에 덧대어 시침질한다.

② 뼈인두로 덧댄 부분을 그려 접은 후에 감침질 한다.

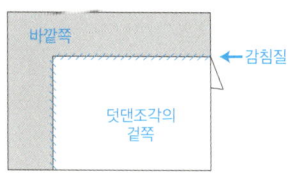

③ 안쪽에서 바탕천을 1mm시접을 남겨두고 잘라낸다. 모서리 부분은 가위밥을 준다.

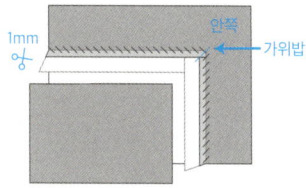

④ 덧댄 천을 3mm 접는다. 접은 천의 시접을 안쪽으로 접어 눌러 편편하게 만든 다음 바탕천과 만나는 부분을 감침질 한다.

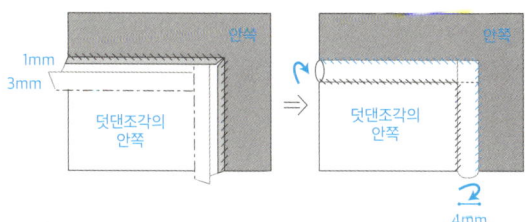

⑤ 완성 후의 모습.

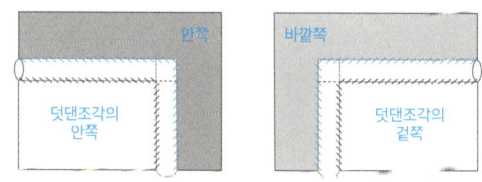

※ 시접의 양은 옷감의 두께에 따라서 조절 한다.

2. 꼬집기

꼬집기 기법은 디자인 선을 따라 천을 접어 감침질 하거나
홈질하는 방법이다.
넓은 천에 꼬집기를 하므로써 옷감이 씰그러지지 않도록
잡아주는 실질적인 효과도 있다.

1) 감침질 꼬집기

감침질로 바느질한 경우는 실선이 눕혀져서 완성된 모양이
편편하며 수놓은듯 장식의 효과가 있다.

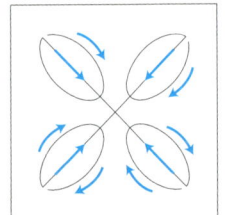

① 문양을 따라 잘 접히도록
뼈인두로 눌러준다.

② 문양이 끊어지지 않도록
진행방향을 고려하여
바느질한다.

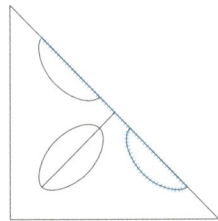

③ 바느질은 디자인 선을
따라 조금씩 꼬집어
접어가며 촘촘히 감침질
한다.

④ 완성 된 모양.

2) 홈질 꼬집기

홈질한 경우는 실선이 도드라져 입체감이 있으나 완성된
모양이 꼬집은 만큼 작아진다.

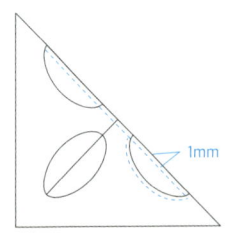

① 문양을 따라 잘접히도록
뼈인두로 눌러준다.

② 디자인 선을 따라 천을
접고 1mm 밑을 홈질한다.

3. 사선 조각 연결하기

조각을 결대로 연결하지 않으면 완성 된 모양이 틀어진다.
따라서 올을 맞추어 연결하는 것은 매우 중요하다.

① 조각의 크기와 시접을 고려하여 나란히 올을 맞추고
시침핀으로 고정한 다음 완성 선을 뼈인두로 아래쪽의
조각에도 선이 생기도록 강하게 그려준다.

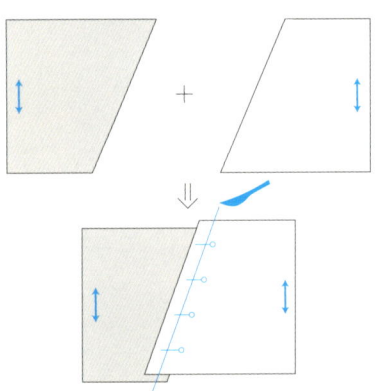

② 양쪽의 시접을 안쪽으로 접어준다.

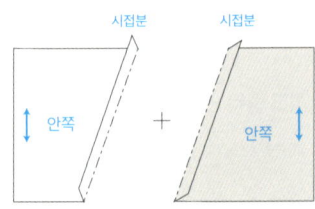

③ 접혀진 사선을 마주대고 연결한다.

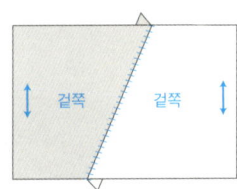

※ 홑보의 사선 조각 연결시에도 같은 방법으로 한다.

4. 접는 쌈솔

조각천을 연결하지는 않으나 접어서 바느질하여 연결된
쌈솔의 효과를 볼 수 있는 바느질 법. 이 방법을 이용하면 홑보
솔기를 디자인으로 사용할 때 좀 더 빠르고 쉽게 할 수 있다.

① 뼈인두로 시접을 눌러 그린 후 접는다

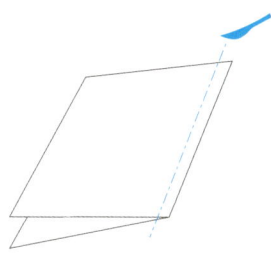

② 접어서 만나는 부분을 감침질 한다.

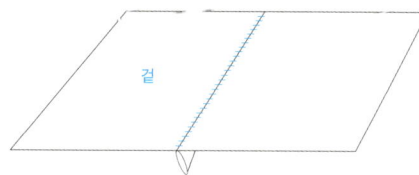

③ 안쪽의 접어진 시접을 한쪽으로 편편하게 눌러 준다.
만나는 부분의 원단을 뼈인두로 그린 후 꺽어 접어
감침질한다.

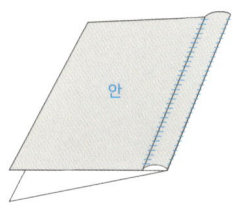

④ 완성후의 모습.

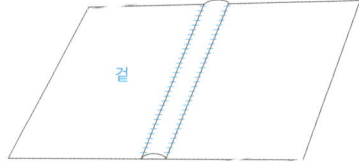

5. 가장자리 바느질

1) 겹보인 경우
-감침질로 마무리 하는 방법
시접을 접은 앞감과 뒷감의 안쪽이 서로 마주보도록 겹쳐
가장자리를 밀리지 않도록 시침질한 후 감침질 한다.
시침실은 마지막에 제거한다.

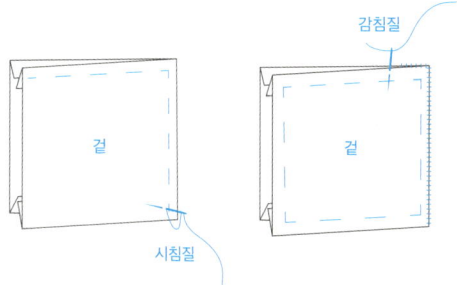

-뒤집는 방법
앞감과 뒷감의 겉이 마주보도록 겹친 후에 창구명만 남기고
완성 선을 따라 홈질한다. 창구멍으로 뒤집은 후에
공그르기로 막아준다.

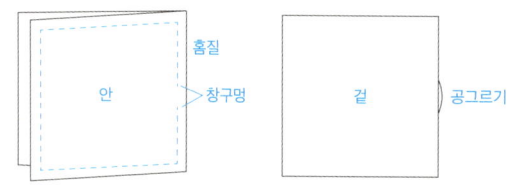

2) 홑보인 경우
시접을 안쪽으로 두번 말아 접어서 겹치는 선을 따라
뼈인두로 그린 후에 꺽어 접어서 감침질 하거나 홈질한다.

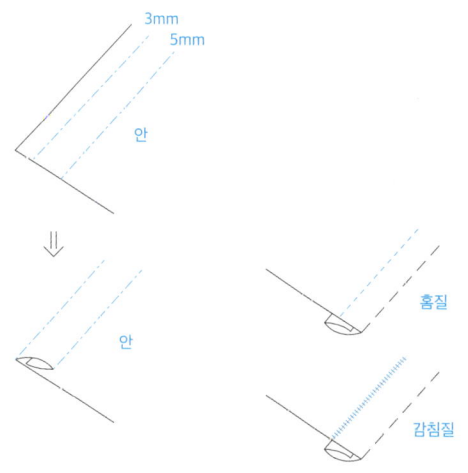

하나 세쪽 가리개

1/2폭   1폭   1/2폭

① 모시의 한폭이나 반폭을 이용하여
디자인대로 재단한다. 일반적으로 모시
한폭은 30~35cm 이다.
※ 모시의 한 폭이나 반 폭을 이용하면 원단의
손실이 적고 바느질이 용이하다.
② 재단된 조각을 쌈솔로 연결한다.
<참조> 솔기하기: 감침질+감침질
③ 용도에 맞게 위치나 개수를 조정하여
사용할 수 있다.

둘 삼등분 가리개

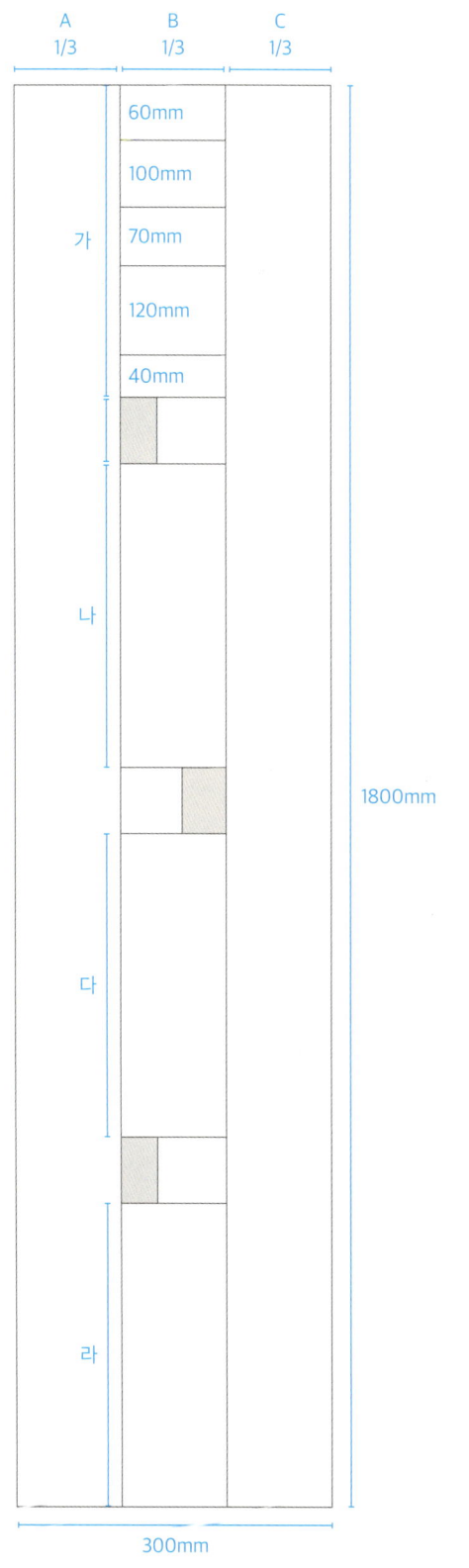

① 모시 한폭을 원하는 가리개 크기에 시접을 더하여 준비한다.

※ 책의 도안크기는 30x180cm

② 긴 모시 한폭을 삼등분으로 재단한다.

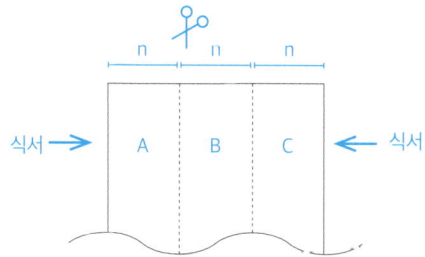

③ 삼등분한 한 조각중에 B부분을 네쪽으로 균등하게 자른다.

④ 네 등분한 흰모시 부분은 접는 쌈솔로 접어 바느질하여 솔기선을 만든다.(가, 나, 다, 라부분에 해당됨)

<참조> 바느질 팁· 접는 쌈솔

⑤ 색모시가 연결되는 모시 조각을 각각 연결한다.

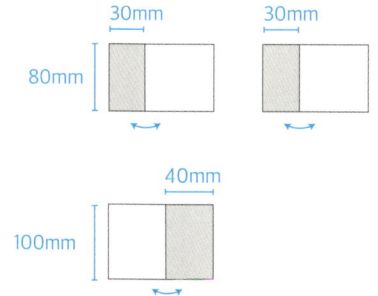

⑥ 가 나 다 라 사이에 색모시를 연결한 조각을 넣어 연결하면 가운데 한 장의 긴 부분이 완성된다.

⑦ 완성된 B를 가운데로 하고 양쪽에 A와 C를 길게 연결한다. 이 때 올이 풀리는 부분을 가운데 B와 연결하고, 올이 풀리지 않는 식서는 가장자리로 가게 하여 바느질하지 않고 그대로 남긴다.

⑧ 위와 아래 솔기는 두 번 접어 감침질하여 마무리 한다.

셋 두쪽 가리개

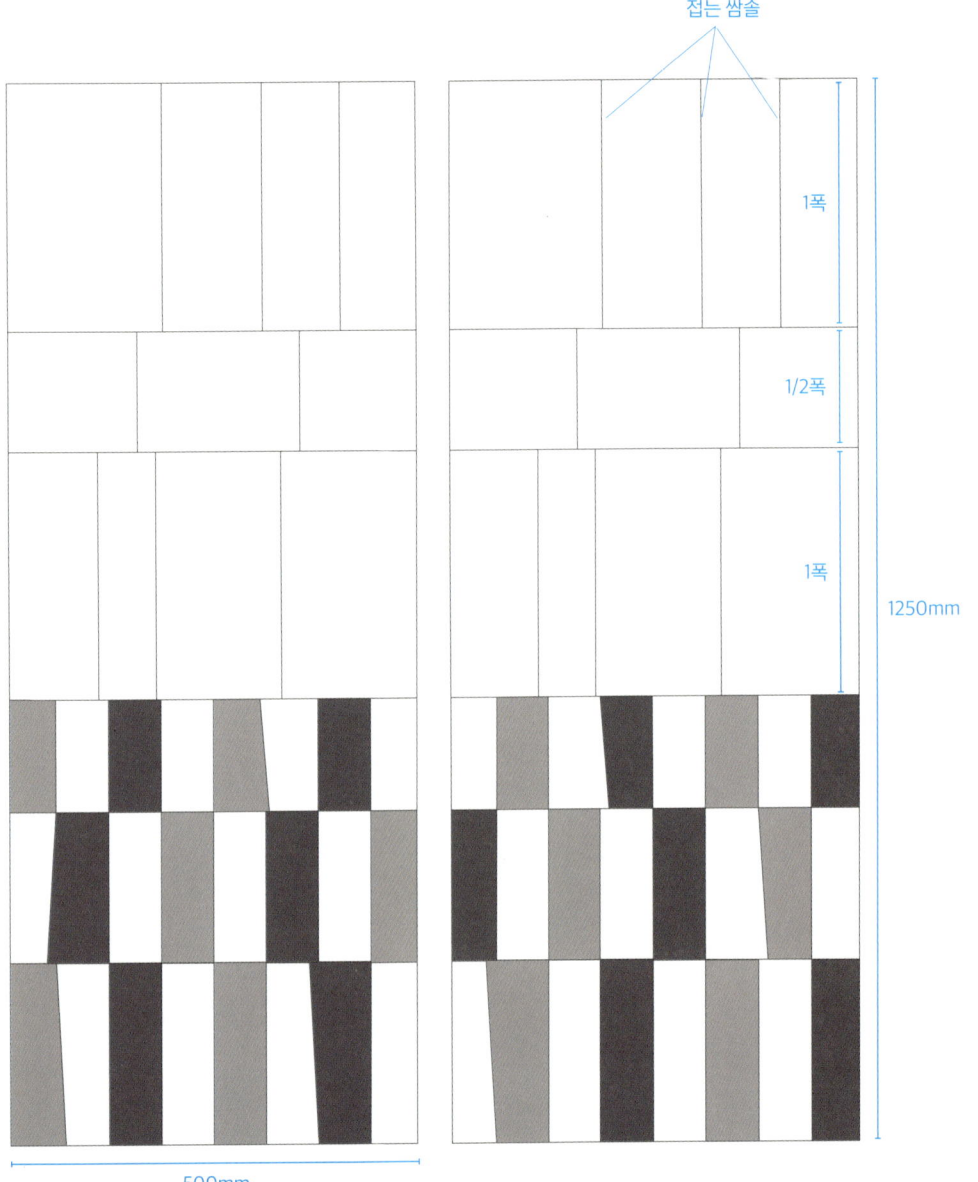

접는 쌈솔

1폭

1/2폭

1폭

1250mm

500mm

① 흰 모시 부분을 각각 한 폭이나 반 폭으로 디자인하여 재단한다.

② 재단한 흰모시 부분은 접는 쌈솔로 바느질하여 솔기선으로 보이게 한다.

<참조> 바느질팁: 접는 쌈솔

③ 아랫단 색이 있는 조각 원단 중 직선조각을 먼저 연결한다.

<참조> 솔기하기: 감침질+감칠질

④ 사선 솔기인 경우에는 올의 방향이 틀어지지 않도록 올을 맞추어 사선 조각을 연결한다.

<참조> 바느질팁: 사선 조각 연결하기

⑤ 가장자리는 두 번 말아 접어 감침질하여 마무리한다.

⑥두쪽 가리개가 되도록 같은 디자인으로 한 장 더 만든다.

넷 덧붙이기 가리개

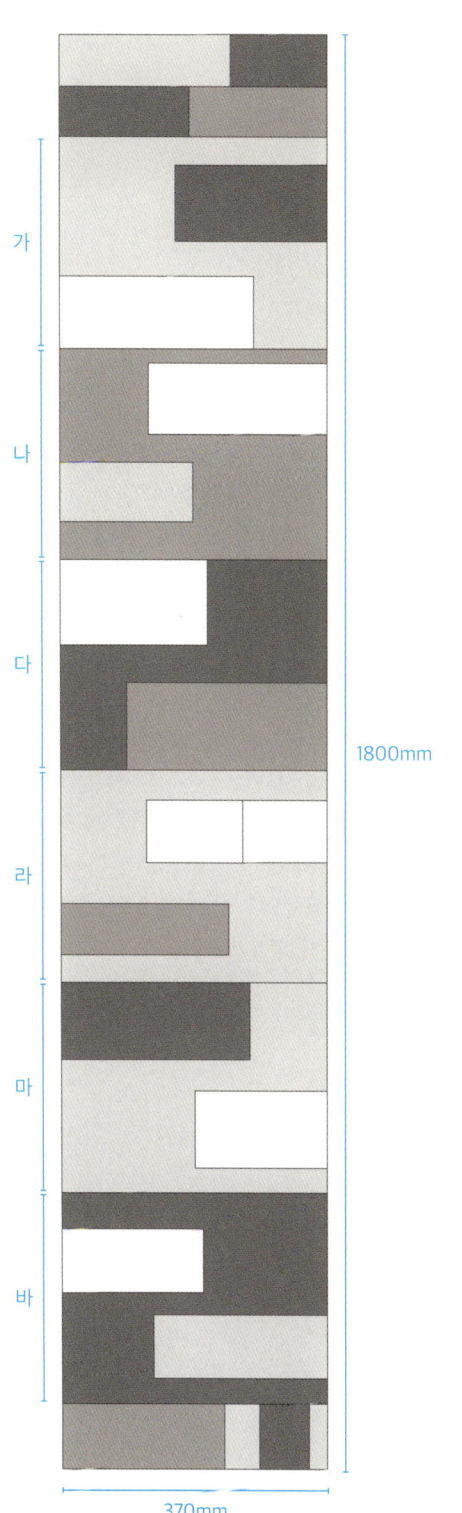

가

나

다

라

마

바

1800mm

370mm

① (가)에서 (바)까지 각각 30cm로 재단한다.

② 디자인에 맞추어 덧붙이는 조각은 시접을 고려하여 여유 있게 재단한다.

③ 재단한 조각을 넓은 모시원단에 덧붙이기 한다.

<참조> 바느질팁: 홑보용 덧붙이기

④ 재단시 덧붙이고 잘라낸 모시 조각은 다시 그대로 다른 쪽에 덧붙이기 한다.

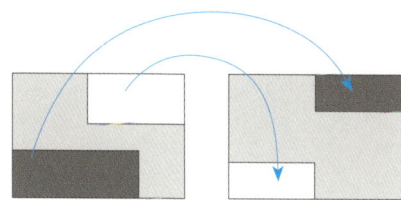

⑤ ④와 같은 방법으로 (가)~(바)를 모두 길게 연결한다.

⑥ 윗부분과 아랫부분은 남은 조각을 이용하여 연결한다.

⑦ 가장자리는 두 번 접어 감침질로 마무리한다.

다섯 삼베발

① 디자인대로 각각의 원단을 재단한다.
② 재단된 삼베조각을 연결한다.
<참조> 솔기하기: 홑보 쌈솔
※ 이때 바느질 땀의 간격은 모시의 두 배
정도로 한다. 삼베의 조직이 성글어 바느질
땀도 성글게 하는 것이 어울리고 연결 후에도
울지 않고 편편하다.
③ 삼베의 두께와 조직을 고려하여 바느질
실도 모시보다 두껍고 질긴 실을 사용한다.
④ 바느질 선이 드러나도록 바탕과 구별되는
색실을 선택하여 바느질한다.
⑤ 발로 사용할 경우에는 위쪽에 끈을 달아
고정하고 커텐봉에 끼워 단다.

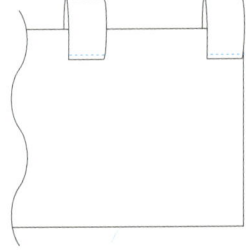

※ 끈 만느는 법

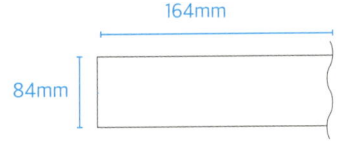

164mm

84mm

시접을 포함한 크기로 재단한다.

7mm

사방 7mm로 시접을 안쪽으로 접는다.

감침질

35mm

반으로 접어 만나는 부분을 감침질 한다.

여섯 무지개 자수 러너

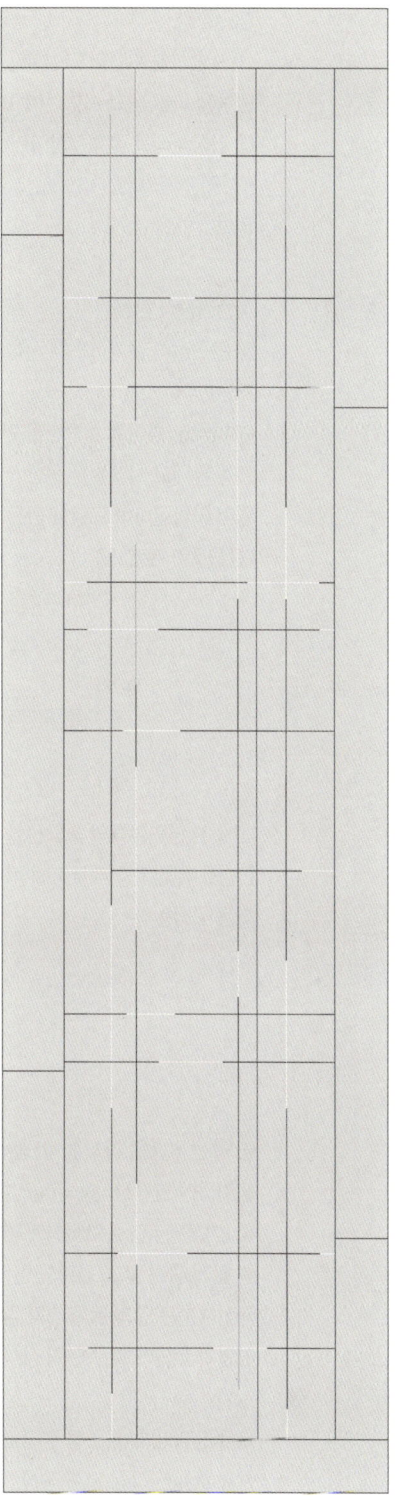

① 자수가 들어가는 한 폭을 그대로 사용하고
정한 길이만큼 시접을 더하여 재단한다.
② 디자인에 따라 식서 방향(세로 방향)부터
먼저 뼈인두로 눌러 그린 후에 꼬집어
감침질한다.
<참조> 바느질팁: 감침질 꼬집기
※ 세로 방향이 가로 방향보다 올을 맞춰
접기가 쉽기 때문이다.
③ 가로 방향의 디자인선도 같은 방법으로
바느질한다.
※ 이때 사용하는 무지개 실은 견사 또는
합성사를 이용하는데, 장식선이 도드라지도록
실의 굵기에 따라 2~3겹 겹쳐 사용한다.
④ 가장자리 덧대는 부분은 한 폭을 세 쪽으로
나누어 위와 아래 각각 그림처럼 홑보 쌈솔로
연결해 준다.
<참조> 솔기하기: 쌈솔

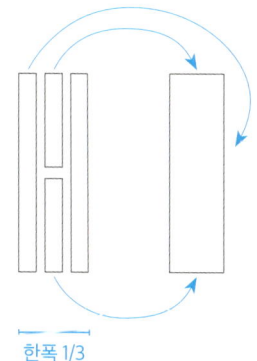

한폭 1/3

⑤ 가장자리 부분도 디자인선을 추가로
꼬집어 감침질한다.
⑥ 마무리는 두 번 접어 김침질한다.
<참조> 비느질팁: 가상자리 바느질

일곱 연귀장식이 있는 찻잔 받침

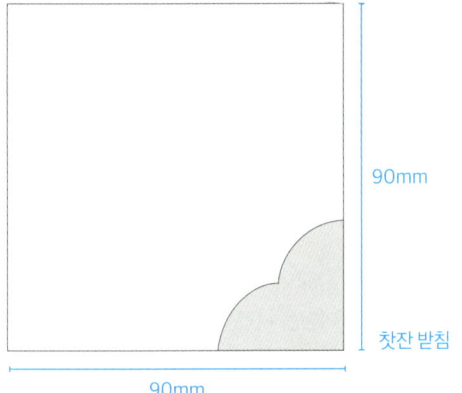

90mm

90mm

찻잔 받침

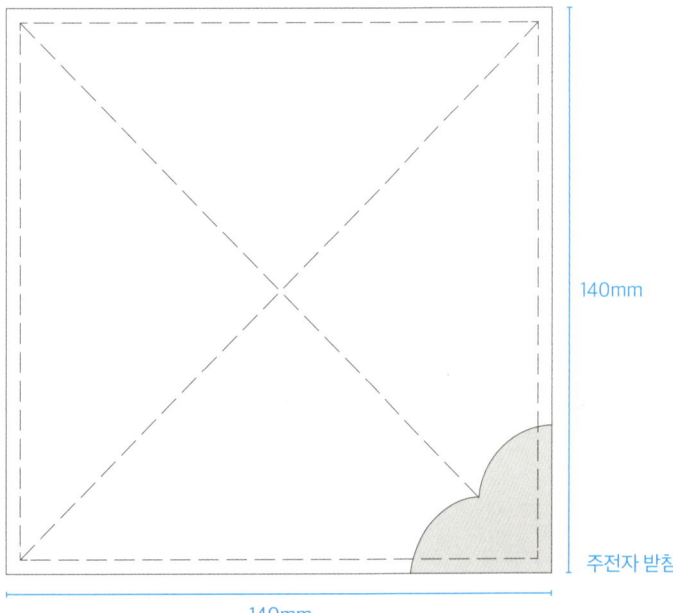

140mm

140mm

주전자 받침

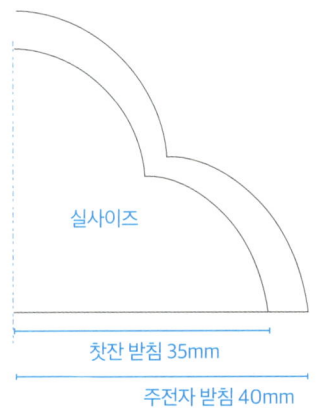

실사이즈

찻잔 받침 35mm

주전자 받침 40mm

① 앞면과 뒷면을 완성 크기에 시접을 더하여
재단한다.
② 사방시접을 접어 다린 후 앞면과 뒷면의
안쪽을 마주 대고 시침하여 고정한다.
③ 가장자리를 감침질한다.

<참조> 바느질팁: 겹보 (감침질로 마무리하는
방법)

• 연귀장식 만들기
① 연귀장식 실사이즈에 시접을 더하여
재단한다.
② 딱딱한 종이로 완성본을 만들어 장식천
안쪽에 대고 시접분은 곡선 부분만 안쪽으로
밀어 다림질하여 모양을 만든다.
(실물크기 본 참조)

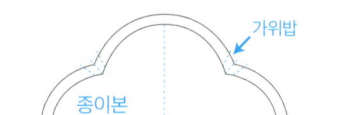

가위밥

종이본

5mm

③ 펼친 연귀장식의 중앙선을 겉끼리
만나도록 접고 아래부분의 직선만 홈질한
다음 뒤집는다.

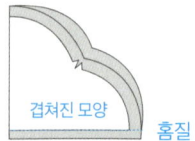

겹쳐진 모양

홈질

④ 곡선 부분은 다시 한 번 장식선대로
정리하여 연귀장식을 마무리한다.
⑤ 만들어진 겹보 모서리에 연귀장식을
꼭 맞게 끼워 넣고, 겹보와 만나는 연귀장식
곡선부분은 앞과 뒤를 각각 감침질하면
앞면과 뒷면에 같은 연귀 장식이 만들어 진다.

※ 주전자 받침은 완성된 겹보에 앞과 뒤를
함께 홈질한 다음 연귀 장식한다.

여덟 꽃잎자수 찻상보

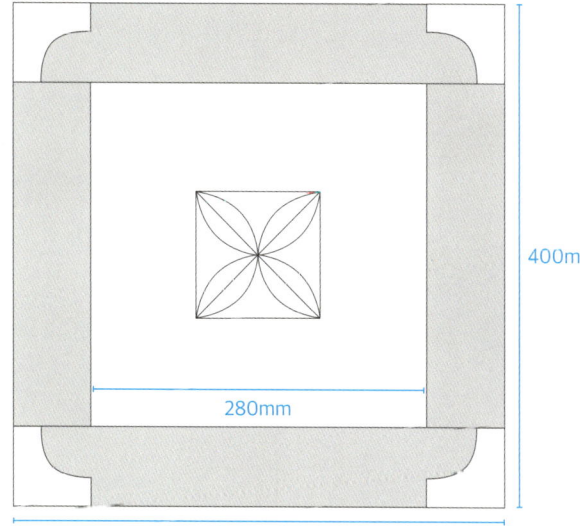

400mm

280mm

400mm

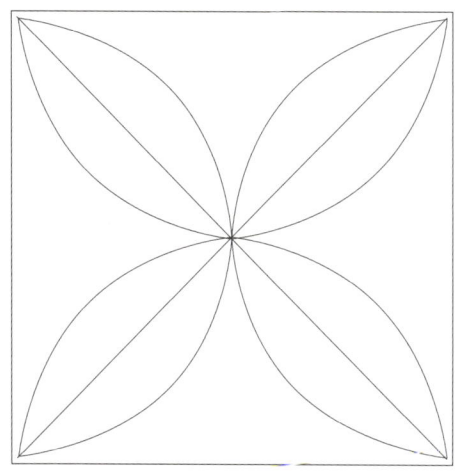

① 중앙에 흰색 부분을 한 폭 크기의
정사각형으로 재단한다.
② 재단한 원단 가운데 꽃잎무늬 도안을
뼈인두로 그린 후 촘촘히 감침실하여 무늬를
완성한다.
<참조> 바느질팁: 감침질 꼬집기
③ 가장자리에 연결되는 모시는 한폭을
네쪽으로 나누어 재단한다.

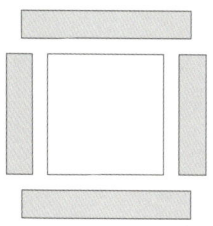

④ 재단한 네 쪽의 원단을 각각 사방에 홑보
쌈솔로 연결한다.
⑤ 가장자리는 두 번 접어 감침질하여
마무리한다.

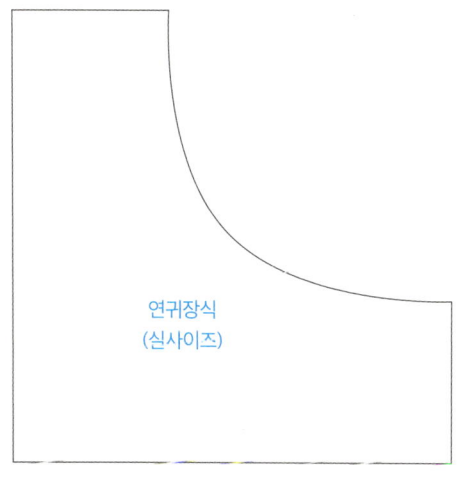

연귀장식
(실사이즈)

· 연귀장식 만들기
① 연귀장식 실사이즈에 시접을 더하여 4장을
재단한다.
② 딱딱한 종이로 완성본을 만들어 장식천
안쪽에 대고 시접분은 안쪽으로 밀어
다림질하여 모양을 만든다. (실물크기 본 참조)
③ 각각 네 장의 연귀장식을 네 귀퉁이게
시침으로 고정한다.
④ 직선 부분은 감침질로 덧대고 곡선 부분은
홈질 또는 감침질로 바느질한다.
앞면에만 연귀장식이 보이게 된다.

아홉 연잎방석 또는 쿠션

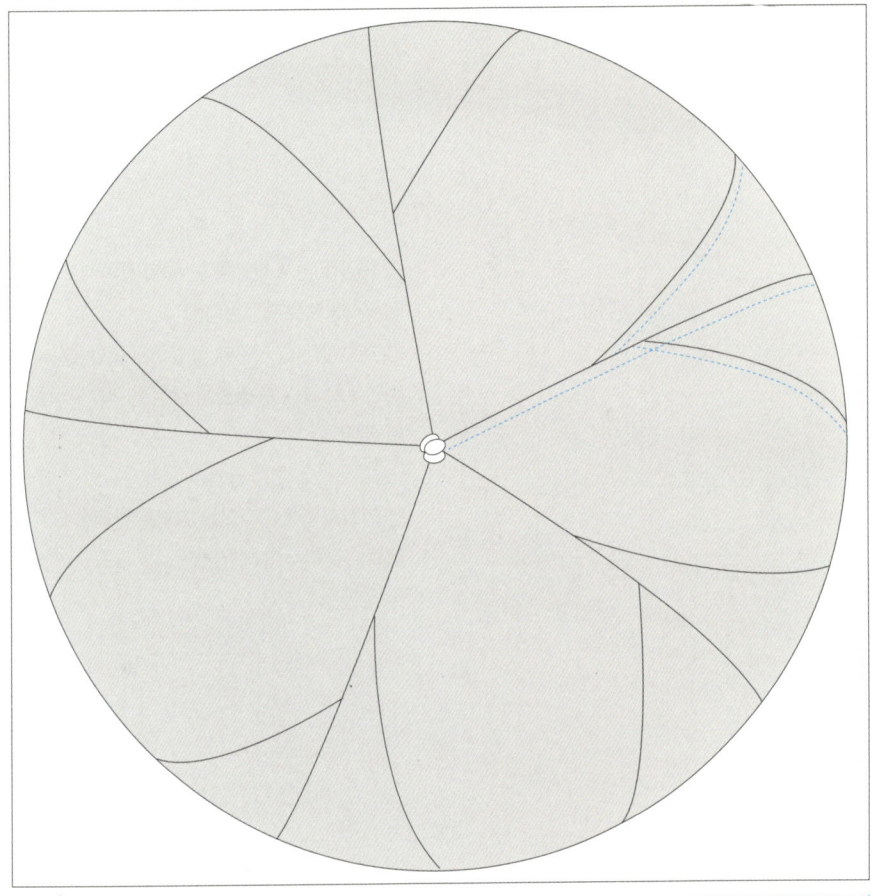

500mm

① 방석의 크기를 고려하여 모시를 준비한다.
※ 방석이 50*50cm일 경우 모시나 삼베의 폭도 50cm 정도를
사용한다.
② 모시 위에 도안대로 연잎모양을 그린다.
③ 잎맥선을 따라 뼈인두 끝으로 눌러 그려 준다.
④ 잎맥선을 꺾어 접은 다음 0.3cm 아래 선을 곱게 홈질한다.
<참조> 바느질팁: 홈질 꼬집기
※ 실은 바느질 선이 드러나도록 굵은 면사나 합성사를 사용한다.

⑤ 연잎모양의 꼬집기 바느질 선을 따라 한쪽방향으로 꺾어
다림질한다.
⑥ 가장자리를 원형으로 오려낸 다음 0.7cm 안쪽으로 접어
둥근 연잎모양을 완성한다.
⑦ 완성된 연잎모양 모시를 무지방석 위에 홈질로 덧붙인다.
뒷면까지 함께 바느질 되지 않도록 두꺼운 종이를 대고
홈질한다.
※ 가운데 중심에 박쥐 장식을 붙이거나 색실로 고정한다.

열 대나무 손잡이 모시 부채

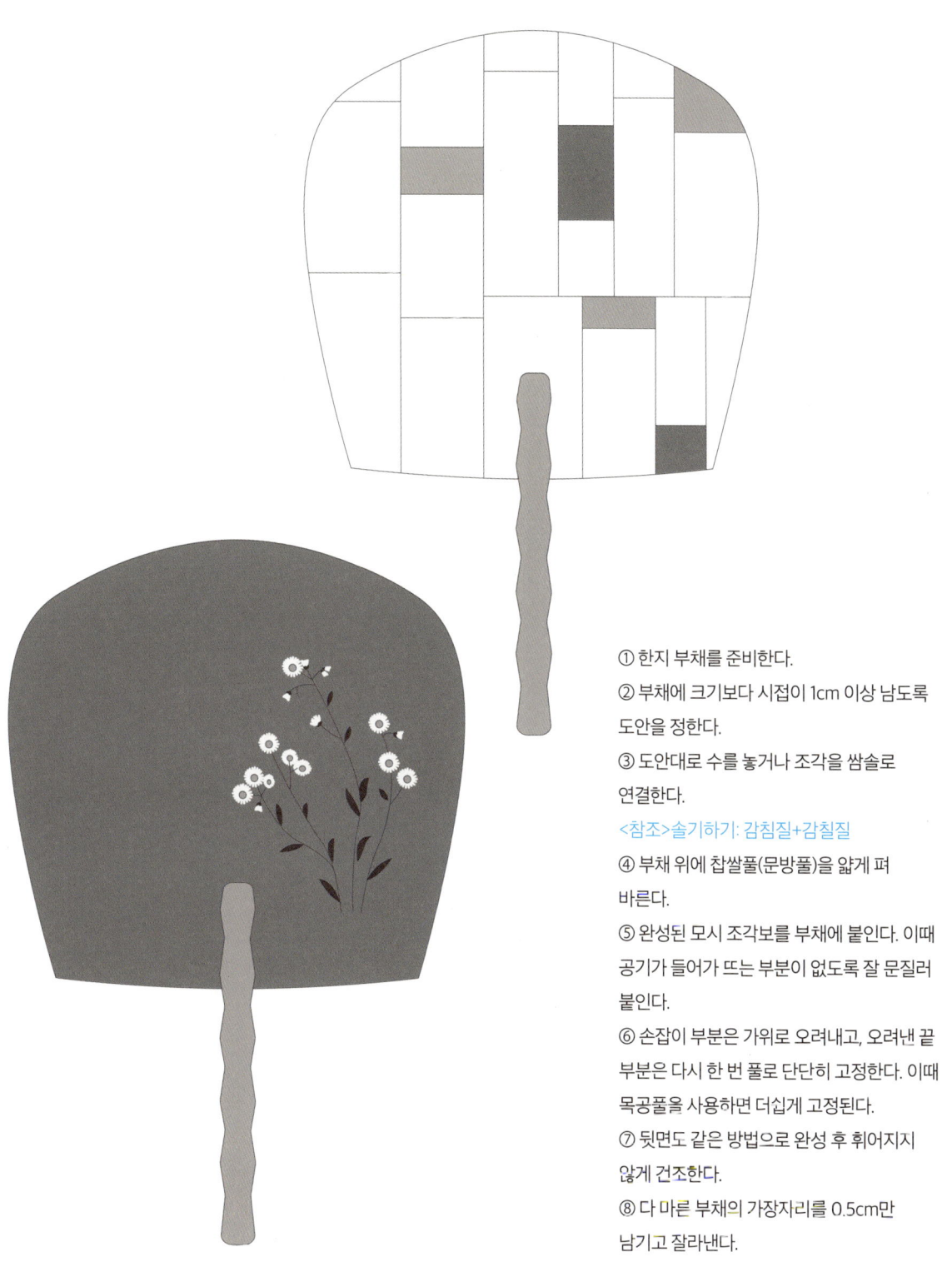

① 한지 부채를 준비한다.

② 부채에 크기보다 시접이 1cm 이상 남도록 도안을 정한다.

③ 도안대로 수를 놓거나 조각을 쌈솔로 연결한다.

<참조>솔기하기: 감침질+감칠질

④ 부채 위에 찹쌀풀(문방풀)을 얇게 펴 바른다.

⑤ 완성된 모시 조각보를 부채에 붙인다. 이때 공기가 들어가 뜨는 부분이 없도록 잘 문질러 붙인다.

⑥ 손잡이 부분은 가위로 오려내고, 오려낸 끝 부분은 다시 한 번 풀로 단단히 고정한다. 이때 목공풀을 사용하면 더쉽게 고정된다.

⑦ 뒷면도 같은 방법으로 완성 후 휘어지지 않게 건조한다.

⑧ 다 마른 부채의 가장자리를 0.5cm만 남기고 잘라낸다.

열하나 괴불노리개를 응용한 모빌

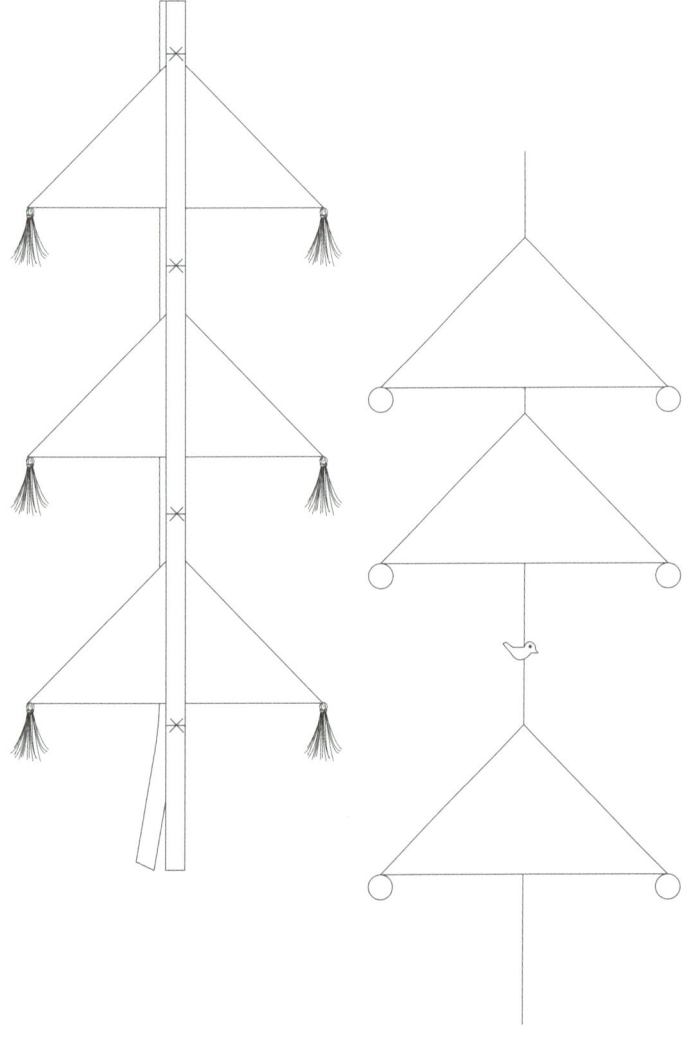

① 시접분 포함하여 70×70mm로 재단한다.

② 사방으로 시접을 접은 후 다려 준비한다.

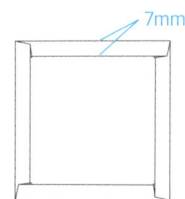

7mm

③ 대각선으로 접은 후 창구멍을 남기고 감침질한다.

④ 창구멍에 약간의 솜을 넣고 감침질로 막는다.

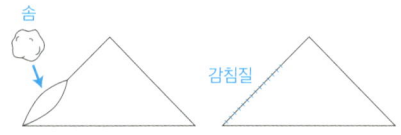

솜

감침질

⑤ 양쪽에 장식이나 술을 달아 완성한다.

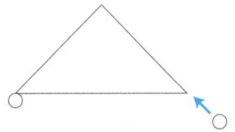

⑥ 투명줄이나 끈을 만들어 연결한다.

※ 술만드는 방법

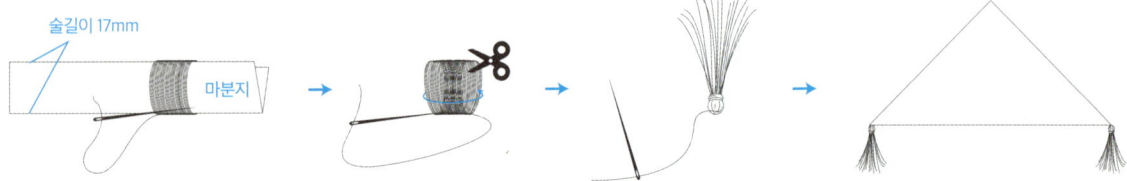

술길이 17mm

마분지

열둘 조각보 액자

190mm

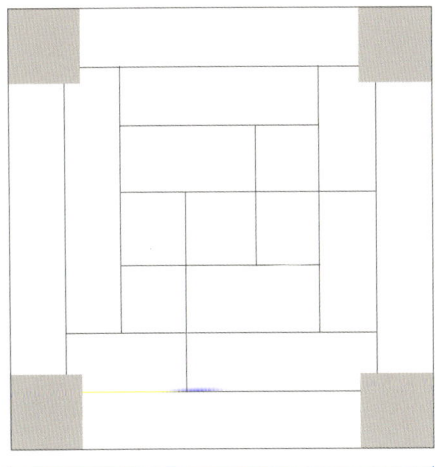

100mm

• 모시 비단 조각보 액자

① 디자인대로 각각 원단을 재단한다.

② 모시 조각을 먼저 감침질로 연결한다.
디자인 선으로 바탕색과 구별되는 색실을
사용하면 좋다.

③ 연결된 모시 조각 위에 비단 부분을
디지인대로 덧붙이기 한다.

<참조> 바느질 팁: 겹보용 덧붙이기

④ 조각을 연결한 앞면과 같은 크기의 모시로
뒷지를 재단한다.

⑤ 앞과 뒷면의 시접을 안쪽으로 접어 다린다.

⑥ 조각을 이은 천과 뒷감의 안쪽이 서로
만나도록 겹친 후 시침으로 고정하고
가장자리는 감침질한다.

<참조> 가장자리 바느질: 겹보

• 작은 모시 조각보 액자

① 디자인대로 각각 원단을 재단한다.
(아주 작은 조각 모음)

② 감침질로 조각을 각각 중앙에서
바깥쪽으로 연결해 나간다.

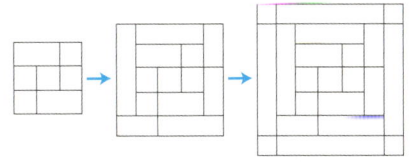

③ 완성한 앞면과 크기를 맞춰 모시로 뒷지를
재단한다.

④ 잎과 뒷면의 시섭을 안쪽으로 접어 다린다.

⑤ 조각을 이은 천과 뒷감의 안쪽이 서로
만나도록 겹친 후 시침으로 고정하고
가장자리는 감침질한다.

⑥ 귀퉁이에 덧대는 **부분**을 감침질로 덧붙인다.